In 27
40684

ÉLOGE HISTORIQUE

DE

Polydore ROUX.

Nota. Le retard qui a été mis dans la publication de cet éloge, se trouve justifié dans la note 12ᵐᵉ.

ÉLOGE HISTORIQUE

DE

Polydore ROUX.

ÉLOGE HISTORIQUE

DE

Polydore ROUX,

CONSERVATEUR DU CABINET D'HISTOIRE NATURELLE DE LA VILLE DE
MARSEILLE, MEMBRE DE PLUSIEURS SOCIÉTÉS SAVANTES
NATIONALES ET ÉTRANGÈRES ;

Par P.-M. Roux,

Docteur en médecine, Secrétaire perpétuel de la
Société de Statistique de Marseille.

Lu en Séance publique, le 14 septembre 1834.

MARSEILLE.
IMPRIMERIE D'ACHARD, MARCHÉ DES CAPUCINS, N° 4.

1834.

ÉLOGE HISTORIQUE

DE

Polydore ROUX,

CONSERVATEUR DU CABINET D'HISTOIRE NATURELLE
DE MARSEILLE, &c, &c.

Messieurs,

La Société de Statistique de Marseille s'est fait un devoir de payer un tribut solennel à la mémoire de ses membres actifs et honoraires décédés. Ce triste, ce difficile devoir, elle n'a eu à le remplir qu'une fois depuis sa fondation (1). Mais, tandis qu'elle se réjouissait, à sa dernière séance publique (2), de ce que la faux de la mort semblait la respecter, elle ignorait que la Parque avait tranché le fil de l'un de ses membres actifs les plus estimables, et sur lequel elle fondait de riches espérances.

La tâche serait pénible à votre secrétaire, si, obligé par vos statuts de faire l'éloge d'un collégue ordinaire, il lui fallait, à défaut de belles actions, retracer une vie embellie par les charmes seuls de l'éloquence. Mais, ayant à parler d'un homme doté d'un génie supérieur, il me sera facile, en reproduisant les principaux traits de son existence et ce qu'il méditait dans l'intérêt de son pays, de le dépeindre tel qu'il a été et tel qu'il se fût montré dans l'avenir.

Jean-Louis-Florent-Polydore Roux, conservateur du Cabinet d'histoire naturelle de Marseille, membre actif de la Société de statistique de cette ville, correspondant de la Société linnéenne de Paris, de l'Académie des sciences de Moscou, de la Société du Muséum des sciences naturelles, antiquités et beaux-arts de Douai, de la Société polymathique du département du Morbihan, de celle des naturalistes de Senkemberg à Francfort-sur-Mein, etc., etc., naquit à Marseille, le 29 juillet 1792. Sa mère, qui le dirigea dans ses premières années, s'aperçut de la grande passion qu'il eut de bonne heure pour le dessin (3) et pour l'étude de la nature. Cependant, son père, qui faisait le commerce des huiles, voulait lui faire embrasser la même profession.

Le jeune Roux était à l'âge où le cerveau reçoit aisément les impressions qu'on lui communique.

Malheureusement, l'époque où devait commencer la culture de son esprit, était une époque de calamités publiques, une époque où toutes les institutions ayant été bouleversées, l'éducation des enfans n'était pas chose facile. Le jeune Roux aurait donc reçu tout au plus les leçons d'une instruction primaire élémentaire, si un ex-professeur de l'Oratoire, qui s'était chargé clandestinement de la direction de quelques écoliers, ne l'eût initié dans les études préliminaires plus sérieuses. Disons-le, toutefois, loin de s'appliquer à ses devoirs d'une manière qui fût d'un heureux présage, il les négligeait souvent. C'est que, préoccupé de dessin et d'objets d'histoire naturelle, il ne pouvait se souffrir dans une classe resserrée où le fatiguait, d'ailleurs, la monotone régularité des leçons, bien qu'elles lui fussent données par un excellent maître. Aussi, attendait-il avec impatience les heures de récréation qu'il employait à dessiner, à chasser aux papillons, à creuser la terre pour en retirer des insectes. En vain, ses condisciples s'attachaient-ils à lui faire partager leurs jeux, il se voyait alors forcé de s'éloigner d'eux ou de soutenir de rudes assauts avec ceux qui le taquinaient pour le distraire de ses occupations favorites, et comme il était robuste et vif, il fit plus d'une fois repentir ses agresseurs de leurs petites espiègleries.

On ne sait lequel ou du goût du dessin, ou de celui de l'histoire naturelle dominait le plus en lui. Ce qu'il y a de sûr, c'est qu'il était entraîné par l'un et l'autre. Il avait à peine atteint sa treizième année, qu'il s'était déjà formé une collection de papillons et d'insectes, fort curieuse et presque complète.

A cet âge, il quitte le pensionnat, bien que ses études ne soient point achevées, et, de retour dans sa famille, il ne paraît pas qu'il doive percer par les seuls efforts de son génie. Une circonstance décide de sa carrière : ayant suivi son père dans un voyage en Italie, il déploie une partie des dispositions naturelles qui indiquaient sa véritable vocation ; partout il observe les costumes et en emporte un dessin qui pour n'être pas colorié avec art, ne décèle pas moins le génie de la peinture. Il engage ainsi son père, qui était loin d'encourager ses talens naissans, à lui permettre de suivre, à Marseille, les cours de l'école gratuite de dessin. Polydore Roux, alors âgé de quinze ans, ne doit pas tarder à se mesurer avec les plus forts élèves de cette école. Bientôt, par son application, par des succès précoces, il les forcera d'admirer sa supériorité. Ils le verront chaque année remporter les prix de sa classe. Tels, en un mot, seront ses progrès que, dès 1811, époque où on lui décernera un prix particulier d'encouragement pour une marine peinte d'après Henry il sera déjà réputé dessinateur correct et peintre habile.

Tous ceux qui ont pu juger du mérite de Polydore Roux se sont accordés à dire que sa touche était fine et spirituelle, qu'il excellait dans les marines et surtout dans le paysage. En débutant, il dessina si bien les cantons de St-Rémo que les administrateurs de ce pays le comblèrent d'éloges. Mais qu'ai-je besoin d'entrer dans des détails à l'égard des différens tableaux qu'on a eus de lui? Ne sait-on pas qu'il en a fait figurer à notre Musée plusieurs très-estimés tels que ceux représentant les Aygalades, Fontainieu, la Ste-Baume, etc., et qu'il en a exposé à Paris, beaucoup d'autres qui ont excité l'admiration générale, notamment celle de M. de Forbin, si capable d'apprécier leur grande vérité de ressemblance?

Peut-être n'est-il pas indifférent d'ajouter, pour donner une idée de plus des connaissances variées de Polydore Roux, qu'il lithographiait fort bien. Or, comme il avait l'intention d'exécuter lui seul par la suite les planches d'histoire naturelle dont il eût fait jouir le public (car pour celles déjà publiées et lithographiées par lui, il avait eu recours à des presses lithographiques établies à Marseille) il sollicita et obtint, le 22 février 1831, du ministre de l'intérieur, un brevet d'imprimeur lithographe.

Considéré comme naturaliste, Polydore Roux est encore plus remarquable. Les sciences naturelles qui embrassent des milliers d'objets, il les cultive toutes à la fois, et l'on est frappé de le voir les approfondir chaque jour davantage, sans fatiguer son esprit. C'est qu'il se livre à un travail d'inclination et que l'art de dessiner qu'il possède à un haut degré lui fait fixer sur le papier et d'une manière ineffaçable dans la mémoire les caractères distinctifs des êtres qu'il observe.

Le système de Polydore Roux était comme chez Linné de n'en point avoir et d'étudier la nature dans les produits qu'elle crée. C'est avec cette méthode qu'il a considérablement enrichi sa mémoire, donné de la fixité à ses idées, relevé grand nombre d'erreurs consacrées dans des livres et acquis tant d'aptitude à reconnaître promptement et à classer avec fidélité les espèces qu'il voyait pour la première fois.

Jamais il ne négligea rien de ce qui pouvait lui faire découvrir les mystères de la nature, et c'est pourquoi il s'adonna à la chasse et à la pêche avec une ardeur incroyable. Ainsi, sans attendre, comme certains naturalistes, que des chasseurs ou des pêcheurs vinssent l'induire en erreur, il s'assurait par ses propres observations de la vérité des assertions de ses auteurs favoris. Toutefois, il ne dédaignait pas d'interroger pour éclaircir ses doutes, le laboureur, le berger, le braconnier, le paisible habitant de la campagne, l'homme enfin dont la poussière des livres et les erreurs des autres ne firent point un érudit, mais que la nature et l'expérience instruisirent.

Il aimait à trouver parmi les animaux dont il faisait sa proie des individus qu'il n'avait jusqu'alors connus que dans les traités d'histoire naturelle. Sa joie était extrême quand il en rencontrait quelqu'un dont la description n'avait pas encore été faite. Avec quelle attention il en examinait les plus petits détails! Avec quel empressement il en faisait part au monde savant!

Il faut, disait-il, prendre et peindre la nature sur le fait. Hors de leurs élémens, les individus changent; ils n'ont plus les mêmes couleurs. Est-il surprenant, d'après cette manière de voir, qu'il ait su constater, en zoologie, bien des phénomènes inconnus jusques à lui? Dois-je vous rappeler la savante notice qu'il lut à votre séance publique de 1831 et qui était relative aux mœurs de la sèche? Vous n'avez pas oublié qu'il a le premier observé la propriété singulière que la sèche possède de changer la couleur de sa peau suivant celle des objets dont elle est entourée.

Le dépouillement des parties dures des poissons offre tant de difficultés qu'il avait imaginé d'en faire dévorer la chair, en les plaçant morts dans un panier au fond de l'eau où de très-petits animaux les attaquent bien vite et n'en respectent que les arêtes et la peau. Il avait imité en cela un naturaliste qui, dans la même vue, exposait à des fourmis, des oiseaux, des rats, etc., dont en moins de vingt-quatre heures elles ne laissent que le squelette.

Les loisirs que Roux donnait à la pêche et à la chasse, il les passait ou aux bords de mer, ou à parcourir les montagnes de la banlieue et même de la Provence. Il fit plusieurs voyages de ce genre, dont j'ai eu sous les yeux la relation inédite. Il faut lire l'historique de son excursion sur les montagnes d'Ollioules et aux environs de Toulon, en 1814. Les descriptions qu'il y donne ont pour objet, non de merveilleuses suppositions, mais la vérité d'une multitude de faits. Il raconte ce qu'il a vu sur les montagnes où il a été avec deux de ses amis, il parle de beaucoup de recherches qu'il y a faites en entomologie et en botanique, des traces de dévastation produites par un ancien volcan, de plusieurs crevasses dans lesquelles il était entré et d'une grotte où il pensa perdre la vie (4).

La relation de son excursion à la Ste-Baume, en 1817, n'offre pas moins d'intérêt. Il décrit avec un rare talent les curiosités et les monumens anciens qui se trouvent sur la route de Marseille à la Ste-Baume, et ce qu'en fait d'histoire naturelle on remarque sur la chaîne des montagnes dont celle de la Ste-Baume fait partie. Il courut encore quelques dangers en explorant la grotte d'*Inferney*. Néanmoins rien ne l'arrêtait dans ses investigations. La récompense de sa hardiesse, il la trouvait dans les objets qui satisfaisaient sa curiosité, et toujours il rapportait des dessins de ceux de ces objets qui le frappaient le plus.

Mais ce qui charmait bien davantage ses loisirs, c'était au *Roucas blanc*, non loin de la mer, une petite bastide ou plutôt une cabane qu'il avait enjolivée, distribuée d'une manière très-commode et qui avait pour lui d'autant plus d'attraits qu'il en avait fait le rendez-vous de l'amitié et de la science. Dans ses momens de récréation, il y réunissait de vrais amis (5) qui apportaient leur tribut de connaissances et de gaîté. Lui surtout y était d'une humeur constamment joviale, y faisait briller son savoir, au milieu des amusemens et en ménageant quelquefois à sa compagnie d'agréables surprises. Cependant, animé de la plus franche gaîté, dans le repas ou lorsqu'il s'occupait à peindre, si un papillon, si un insecte passait près de lui, soudain, il laissait tomber sa fourchette ou son pinceau, pour saisir sa victime. Cela faisait-il rire ses amis, il se prêtait avec plaisir à leur plaisanterie, tout en répondant de manière à justifier son entraînement invincible.

En même-temps qu'il se livrait à ses travaux de prédilection, il en entreprenait beaucoup d'autres, avec une facilité qui montrait les plus heureuses dispositions. Avide de savoir, il apprit plusieurs langues, se nourrit des bons écrivains dans sa langue maternelle, s'exerça lui-même dans l'art d'écrire, et finit par s'y distinguer. Quelques-uns de ses amis ont entretenu long-temps avec lui une correspondance, dans l'intention de se former mutuellement au style épistolaire, et l'on ne pourrait dire tout le charme qu'il savait répandre sur les sujets en apparence les plus indifférens.

Il eut un jour la fantaisie de s'essayer dans la comédie bourgeoise, et, dès ses débuts, il montra pour les rôles comiques un véritable talent. Il fit plus : il composa une comédie qui est restée inédite. Il cultiva, en un mot, la poésie comme les lettres, et l'on applaudirait justement à quelques-unes de ses pièces fugitives.

Mais ses principales occupations consistaient à classer convenablement les animaux que dès son enfance il avait eu la patience de rassembler, à accroître ses collections, à consacrer notamment la majeure partie de son temps à l'étude de l'entomologie, de l'ornithologie, des crustacés et des poissons.

Agé de vingt-deux ans, lorsque le repos des armes permit à notre commerce maritime de se rétablir, Polydore Roux parvint bientôt à se procurer un nombre prodigieux d'insectes exotiques.

Chargé, dans ce temps-là, de rechercher un crustacé dont M. Latreille avait besoin depuis longues années pour terminer sa collection, Roux fut mis en relation avec ce savant naturaliste, et ne tarda pas à trouver et à lui envoyer le crustacé indispensable.

Dès-lors, il commença à être jugé par des hommes d'un génie transcendant. L'immortel Cuvier le prit sous sa protection, et le cita plusieurs fois dans ses ouvrages.

En 1819, le Conseil municipal ayant délibéré la création d'un Cabinet d'histoire naturelle, à Marseille, des naturalistes qui jouissaient d'une excellente réputation se présentèrent pour concourir à l'élection de conservateur du Cabinet. Roux se mit aussi sur les rangs, fort qu'il était de sa bonne volonté et de son courage à surmonter tous les obstacles; il se rappela au souvenir de M. Latreille qui, en l'appuyant, était bien persuadé de seconder le mérite.

Le choix de conservateur fut soumis à l'avis de M. Cuvier, et Roux obtint la préférence. C'est de cette époque que datent et les travaux qui l'ont placé parmi les naturalistes distingués de son temps, et les efforts qu'il n'a cessé de réunir pour illustrer sa ville natale.

Les objets commis à sa garde ne se composant guère que de quelques coquilles et échantillons de minéralogie, d'un certain nombre de reptiles en mauvais état, il commença par y joindre plusieurs collections à la formation desquelles il avait travaillé depuis long-temps.

Un an et demi après sa nomination, il se rendit à Paris où les premiers naturalistes et des amis des arts l'accueillirent d'une manière qui devait nécessairement flatter son amour-propre. Il obtint du Musée de Paris, pour celui de Marseille, sept ou huit caisses d'objets d'histoire naturelle, et c'est ainsi que, par son zèle autant que par ses talens, il sut, en moins de deux années, enrichir un établissement, dont il est permis de dire, conséquemment, qu'il fut à la fois le créateur et le conservateur.

Il eut ensuite la satisfaction de voir cet établissement devenir considérable par l'acquisition successive du Cabinet de minéralogie et de conchyliologie de M. Félix LAJARD; de celui du doyen des botanistes français, le célèbre professeur GOUAN, de Montpellier; des collections du pharmacien COLLET, citées par DARLUC; d'autres objets cédés gratuitement par les Autorités civiles et militaires de Marseille et du Département, ainsi que par quelques naturalistes et des particuliers désirant contribuer à la prospérité du Cabinet d'histoire naturelle, aujourd'hui le plus remarquable peut-être parmi ceux de province. Il y a été rassemblé par Polydore Roux presque tous les oiseaux de l'Europe; un grand nombre d'espèces particulières aux autres parties du monde; quantité de mammifères, de reptiles, de poissons, de mollusques, d'annélides, d'insectes, de polypiers, de plantes et de minéraux, etc., recueillis dans nos contrées, ou apportés des pays les plus éloignés, et la plupart acquis au moyen d'échanges de nos produits indigènes, échanges que le conservateur faisait tourner constamment au profit du cabinet. En un mot, ce développement progressif, on le doit à Polydore Roux, à des relations très-actives que pendant douze années il entretint avec beaucoup de musées et de savans nationaux et étrangers.

Mais à mesure que les richesses s'accumulaient le local provisoire destiné à les contenir devenait si étroit, qu'elles étaient menacées d'une détérioration inévitable sans un nouveau local plus spacieux et mieux approprié. Ce fut alors que Polydore Roux proposa à l'Administration municipale de construire un édifice propre à l'exposition publique des collections du cabinet et à en assurer la conservation. Pour subvenir aux dépenses nécessitées par cette construction sur une partie du champ du Collége royal, il fallait seulement vendre une autre portion de ce champ, vente qui même aurait donné des bénéfices, et fourni les moyens d'assainir les rues environnantes. Au reste, l'édifice eût été composé de manière à servir aussi de muséum de peinture, à permettre l'exposition des produits de l'industrie départementale et à renfermer une ménagerie consacrée à naturaliser des animaux domestiques étrangers à l'Europe.

Qui le croirait! ce beau, ce patriotique projet, quoique bien accueilli d'abord par l'autorité, eut pourtant des contradicteurs, et il ne fut pas réalisé. Le conseil municipal choisit momentanément le local maçonique, dit des *Écossais*, comme le plus propre à recevoir le cabinet d'histoire naturelle. Toutefois, le conservateur démontra l'impossibilité d'y mettre les collections en vue de tout le monde, sans des armoires vitrées, disposées convenablement et distribuées avec ordre. Il pensait avec raison que rien ne devait être négligé pour cela; que c'était le seul moyen de constater l'utilité de l'établissement commis à ses soins.

L'éloge historique de Polydore Roux étant tout entier dans ses travaux, il nous est indispensable, si non de faire une analyse complète, du moins de donner une idée de ceux qu'il rendit publics.

Au commencement de l'année 1825, il fit paraître un prospectus (in-4° de 4 pages) relatif à un ouvrage dont le titre seul attira singulièrement l'attention générale : *Ornithologie provençale, ou description, avec figures coloriées de tous les oiseaux qui habitent constamment la Provence ou qui n'y sont que de passage; suivie d'un abrégé des chasses, d'une table des noms vulgaires, et de quelques instructions de taxidermie.* Tel fut le titre de cet ouvrage. Tout le monde en comprit l'utilité, dans une province peuplée d'un nombre prodigieux d'oiseaux qu'on chercherait vainement dans d'autres provinces de France, puisqu'ils ne s'éloignent jamais du lieu qui les a vu naître. D'ailleurs, les étangs y abondent en oiseaux du Nord, pendant l'hiver, et au printemps une foule d'espèces arrivent des côtes d'Afrique pour nicher dans cette contrée.

Toutefois, si Polydore Roux eut l'idée de faire l'ornithologie provençale, ce fut principalement parce qu'il se sentait capable de traiter cette partie de l'histoire naturelle, de telle sorte qu'on ne confondît plus entre elles des espèces souvent noyées dans une synonymie désespérante. Pour atteindre ce but, il fallait à la fois décrire l'animal et en faire la représentation fidèle. Il promit donc de décrire avec soin, de dessiner d'après nature les caractères distinctifs des sexes, les différences d'âge; autant que possible, de dessiner de grandeur naturelle les espèces; de parler de leurs mœurs, de leurs habitudes; de réunir quelquefois dans la même planche, et de manière à les bien distinguer, le mâle, la femelle et le jeune; de figurer et de colorier avec exactitude les œufs et les nids des oiseaux les plus remarquables. Il adopta la classification de Vieillot, ainsi que quelques-uns des genres nouveaux de Temminck et des sous-genres de Cuvier. Quant à la synonymie, il annonça qu'elle comprendrait ordinairement les noms donnés par de célèbres ornithologistes, tels que Brisson, Buffon, Vieillot, Latham, Temminck, etc.

Ainsi conçu, et devant être exécuté par un naturaliste profond, qui faisait de la peinture son principal délassement, avait des relations immenses et dirigeait un cabinet plein de raretés ornithologiques, un tel ouvrage fut jugé digne (6) de figurer dans les bibliothèques choisies, dans celle même du magistrat, en considérant qu'il serait comme le complément des articles d'ornithologie consignés dans la Statistique du département des Bouches-du-Rhône.

Son utilité pour les chasseurs et les taxidermistes n'était pas moins constante ; il devait offrir à ceux-ci des instructions sur la manière de conserver les oiseaux, à ceux-là un abrégé des chasses et une table alphabétique des noms sous lesquels les oiseaux sont généralement connus en Provence.

L'auteur s'était persuadé que ce recueil iconographique se composerait à peine de 300 planches et de 400 pages de texte, chaque livraison devant avoir 8 planches et une feuille de texte de 8 pages. Aussi des souscripteurs, en recevant la cinquantième livraison, s'aperçurent que ce nombre était déjà plus grand qu'on ne l'avait présumé, et demandèrent à être fixés à cet égard. Dès ce moment, Polydore Roux prit l'engagement de fournir gratuitement les livraisons qui outrepasseraient la soixante-quatrième. Or, comme il en a été distribué cinquante-six, l'auteur avait évidemment touché au terme de son travail; travail assez beau, que pourtant il regardait seulement comme le prélude d'un grand ouvrage sur les poissons, commencé depuis plusieurs années, intitulé : *Ichthyologie de la Méditerranée*, et dont, après avoir achevé l'Ornithologie provençale, il eût enrichi le domaine des sciences naturelles.

Avant de réaliser cette promesse, il songeait encore à faire connaître, par le moyen d'une figure exacte et d'une description succincte, le plus grand nombre possible d'espèces de coquilles répandues dans les collections. Il exposa, en 1827, ses intentions à ce sujet, dans un prospectus intitulé : *Iconographie conchyliologique, ou Recueil de planches lithographiées et coloriées, représentant les coquilles marines, fluviatiles, terrestres et fossiles, décrites par* DELAMARCK, SOWERBY, SWAINSON, de FÉRUSSAC, de BLAINVILLE, ROSSI, *etc., et autres inédites.* Il est à regretter que la première livraison de cette Iconographie en ait été la dernière. Elle parut vers la fin de l'année 1828, et à cette époque parut aussi la première livraison d'un autre bel ouvrage in-4°, ayant pour titre: *Crustacés de la Méditerranée et de son littoral.* Il devait être composé de 36 livraisons ; il en a été publié neuf seulement. Peut-être l'auteur aurait-il dû moins embrasser à la fois, pour avoir plus de facilité à compléter ses œuvres. Hâtons-nous pourtant de le justifier, en disant qu'elles ne furent interrompues, que parce qu'il fut lui-même arrêté dans ses vastes projets, par une mort prématurée.

D'ailleurs, s'il s'occupa en même-temps de plusieurs ouvrages, c'est que, laborieux comme il l'était, ne pouvant rester un seul instant sans rien faire, il ne savait se délasser qu'en variant ses travaux.

En donnant, d'après des individus vivans ou frais, et non d'après des dépouilles incolores, une représentation et une description exactes des crustacés de la Méditerranée, il produisit des planches supérieures, sous bien des rapports, à celles de son Ornithologie, et prouva ainsi combien était juste cette épigraphe, qu'il avait empruntée à M. de Férussac: *Sans bonnes figures, plus d'histoire naturelle descriptive, ou bien l'on retombera dans le chaos.*

Quoique mon intention ne soit pas de développer ici les différentes productions que je viens de signaler, je me permettrai d'arrêter ma pensée sur ce qui semble faire honneur d'une manière plus particulière à leur auteur.

Qu'on ne s'imagine pas qu'elles sont purement et simplement une réunion de matériaux épars puisés dans les œuvres d'autrui. Polydore Roux ne savait pas, comme tel mince compilateur que je pourrais citer, faire des livres avec des livres. Cependant, ayant eu pour but de contribuer, par ses écrits, à propager le goût des sciences naturelles, il lui fallut nécessairement mettre à profit les idées des plus célèbres naturalistes, mais il se fit un scrupule de citer ceux dont il avait retracé le style brillant et gracieux.

Marqués au coin de l'utilité, ses travaux ont aussi le mérite de la nouveauté. Il suffit, pour s'en convaincre, de jeter un rapide coup d'œil sur leur ensemble. On y voit les genres nouveaux qu'il a fondés, les espèces nouvelles dont il a fait la découverte; et une chose sur laquelle je me plais à fixer l'attention de mon auditoire, c'est qu'un certain nombre des individus qu'il a décrits le premier, il les dédie à des personnes (7) qui lui ont prodigué des secours scientifiques, ou qui ont contribué à favoriser les progrès de l'histoire naturelle. Que j'aime à voir Polydore Roux reconnaître ainsi des services rendus à la science et à lui-même!

Il est une autre production non moins remarquable par des idées neuves; c'est celle que, vers le commencement de l'année 1831, il composa et livra à l'impression sous ce titre : *Mémoire sur la classification des crustacés de la tribu des salicoques* (in-8° de 39 pages, avec des tableaux).

Ce mémoire fit sensation. Au lieu de critiquer ses prédécesseurs, Polydore Roux s'estima heureux d'avoir pu les prendre le plus souvent pour guides, et pourtant, il n'y a qu'à comparer la classification qu'il proposa, et celles des auteurs les plus modernes et les plus estimés de l'époque, pour juger de la supériorité de la sienne.

C'est afin de mettre le lecteur à même d'établir cette comparaison, qu'il dressa un beau tableau synoptique, analytique et méthodique des crustacés de la tribu des salicoques, et qu'il le fit précéder de celui de la distribution la plus récente des animaux de la même tribu par MM. Latreille, Desmarets et Risso.

Qui n'applaudirait à cette conduite de Polydore Roux, lorsqu'il faisait valoir ses connaissances, non, à l'exemple de certains écrivains, en cherchant à rabaisser par une censure maligne, souvent même par des assertions mensongères, le mérite des autres, mais en prenant le public éclairé pour juge du fruit de ses méditations et de ses recherches.

Vers la même époque (1831) Polydore Roux publia une brochure (in-8° de 15 pages) intitulée: *De la nécessité de rendre publiques les collections du Cabinet d'histoire naturelle de la ville de Marseille.* Après avoir fait l'histoire du Cabinet depuis sa fondation, en juin 1819, c'est-à-dire, pendant une période de douze années, il reproduisit les motifs dont il avait entretenu plusieurs fois l'Administration, motifs dont j'ai déjà parlé, comme réclamant impérieusement les moyens de conserver les objets précieux qui étaient le résultat de ses travaux, et quelquefois de ses dons particuliers. Il les signala, ces moyens, afin qu'il fût possible d'étaler bientôt publiquement les collections et contribuer ainsi à la prospérité d'un établissement dont on s'accordait généralement à reconnaître l'utilité.

Si, maintenant, pour compléter la série des travaux de Polydore Roux, je rendais compte des mémoires, rapports, observations qu'il soumit au jugement de plusieurs sociétés savantes, on se persuaderait aisément de son exactitude à remplir les devoirs qui lui étaient imposés, comme membre de ces sociétés. Une correspondance immense avec les premiers naturalistes, atteste encore qu'il était très-actif, brûlant du désir de s'instruire et de communiquer ses connaissances variées. Polydore Roux a donc des titres à la renommée scientifique et littéraire! Il a donc fait quelque chose pour être apprécié par ses contemporains, et fixer les regards de la postérité!

Cependant, comme il désespérait de l'exécution prochaine des plans qu'il avait proposés, ou plutôt, comme il se trouvait à l'étroit dans le pays qui le vit naître, depuis qu'il en connaissait si bien les ouvrages de la nature; entrevoyant ce que cette nature offre d'attrayant dans des contrées lointaines, et résolu de faire de nouvelles recherches pour les progrès de la science, il eut l'idée d'aller explorer le Sénégal, en remontant ce fleuve jusqu'à ses cataractes. Le Ministre de la marine, sur la recommandation de MM. Cuvier, de Jussieu et Cordier, directeurs du Muséum d'histoire naturelle de Paris, venait, en avril 1831, de lui procurer les moyens d'accomplir son projet, lorsque M. le baron Hugel, gentilhomme autrichien, naturaliste et littérateur plein de zèle, se rendit à Paris dans l'intention d'exécuter un voyage autour du monde et de demander à M. Cuvier un digne compagnon. Cuvier jeta les yeux sur Polydore Roux, et le baron Hugel vint de suite à Marseille demander à notre estimable compatriote l'association désirée. Un traité fut de suite conclu pour assurer aux parties contractantes les chances de cette audacieuse exploration.

Dès ce moment, Roux sollicita et obtint du Conseil municipal de Marseille l'autorisation d'entreprendre son voyage, sans perdre pour cela l'emploi de conservateur du Cabinet d'histoire naturelle. Ayant à s'occuper des préparatifs dont il s'était chargé, il laissa partir le baron Hugel le premier. Ces préparatifs, qu'il fit comme naturaliste, dessinateur, pêcheur et chasseur, furent considérables, et il fallait bien qu'il eût le sentiment de ses propres forces, puisqu'il écrivit alors qu'il se promettait de faire plus que beaucoup d'autres. Il s'embarqua le 6 septembre 1831; vers la fin de ce mois il atteignit en Égypte le baron Hugel, qu'il lui tardait de rejoindre.

Les résultats de ses explorations, pendant quelques mois, dans la Haute et la Basse-Égypte, en Nubie, et dans une partie de l'Arabie, sur les bords de la Mer-Rouge, ont étonné les personnes (8) qui ont pu les examiner à leur arrivée à Marseille. Néanmoins Roux regretta de n'avoir pas eu assez de temps et de ne s'être pas trouvé sur les lieux dans une saison assez favorable pour étendre davantage ses investigations.

Dès le mois d'octobre 1831, il avait ramassé un grand nombre de reptiles, l'*helix irregularis* seule espèce de coquille terrestre qu'il ait trouvée en abondance aux environs d'Alexandrie, une hirondelle particulière à l'Égypte; il avait aussi dessiné des vues et des costumes, et fait des observations très-curieuses. Les eaux du Nil, qu'il remonta jusques à Thèbes, lui offrirent deux nouveaux salicoques, plusieurs espèces d'huitres dont une nouvelle qu'il appela *etheria tubifera* en raison du plus ou moins de petits tubes dont elle est recouverte. Il eut soin d'en recueillir l'animal.

Le mont Mokatan, aux environs du Caire, lui offrit un beau crustacé du genre *xantho*.

En novembre, il fit an envoi de minéraux et de poissons du Nil; poissons dont il observa vingt espèces. Les crocodiles lui parurent rares dans ce fleuve. La saison de l'hiver l'empêcha de trouver d'autres reptiles, d'ordinaire en grande quantité au commencement des premières chaleurs, et rendit ses recherches entomologiques (9) moins fructueuses qu'il ne l'aurait cru. Toutefois, il réunit un certain nombre d'insectes dont plusieurs espèces inédites. Il rencontra, dans les tombeaux creusés dans le roc, aux environs des pyramides de Giseh, un petit animal devant former genre parmi les aptères hexapodes. Il observa peu d'espèces d'oiseaux en Égypte, et il ne croyait pas que leur nombre pût s'élever à plus de cent soixante-et-dix. Mais parmi ces espèces, il en est de très-abondantes, principalement les échassiers et les palmipèdes, à l'époque des inondations. Il racontait qu'à Fayoum, des troupes de pélicans, au nombre de plusieurs milliers, frappant l'eau de leurs ailes lorsqu'ils cherchaient à s'élever, produisaient un bruit semblable à une décharge de mousqueterie. Un fait rapporté par lui, atteste l'intelligence et l'éducation dont l'énorme palmipède est capable : « J'ai vu, dit Polydore Roux, M. Hey, anglais, accompagné d'un pélican qui venait se reposer auprès de lui, lorsqu'il chassait ou qu'il dessinait. Parcourant seul les marais voisins, il allait pourvoir à sa nourriture, revenant fidèlement auprès de son maître, ou sur le *canjé* dont il avait fait son domicile. »

Au rapport de notre célèbre voyageur, le nombre d'oies qu'on rencontre en Égypte, surpasse tout ce qu'il est possible d'imaginer. Il en est une espèce qui noircit les airs, lorsque, le matin et le soir, elle se transporte d'un point à un autre.

Polydore Roux reconnut, à Syout et ailleurs, que, parmi les momies d'animaux, les chats de l'époque ancienne avaient la tête souvent d'un tiers plus grosse que celle de nos chats ordinaires, tandis que des ossemens d'un chien voisin du mâtin, prouveraient, au contraire, que l'espèce embaumée par les Égyptiens se serait perpétuée jusqu'à nos jours sans altération.

Dans les puits de Saggarat, Roux eut l'occasion de voir un ibis qui n'est pas celui que, suivant Cuvier, les Égyptiens embaumaient de préférence. Quelquefois, au lieu d'un ibis, les vases renfermaient des pigeons sauvages bien conservés.

Vous rappellerai-je l'excursion si périlleuse de Polydore Roux, à la grotte de Samoun ou Sanabou? Mais vous êtes encore pleins des tristes impressions que vous fit éprouver la lecture de la description (10) de ces vastes catacombes recélant la poussière de tant de milliers d'habitans de la vieille Égypte. Que de sujets de méditations pour notre savant collègue, lorsqu'il pénétra dans cet asyle de la mort! De quelle horreur ne dut-il pas être saisi, lors surtout qu'il pensa y laisser sa dépouille mortelle! Il ne dirigea pas moins ses regards sur tout ce qui l'environnait, et il s'aperçut que cette grotte immense avait été consacrée, chez les premiers Égyptiens, à la sépulture des hommes, comme à celle des crocodiles et d'autres animaux.

Quoique son voyage eût été entrepris principalement dans l'intérêt des établissemens qui ont pour but les sciences naturelles, il n'eut pas moins de plaisir à songer à l'accroissement d'autres établissemens scientifiques à Marseille. Il envoya de Thèbes (11) des objets d'antiquité qu'il offrit à notre ville, pour être joints à ceux qu'elle possédait déjà.

Parvenu à la première cataracte du Nil, au voisinage de laquelle il ne vit guères que des *sirlis* et des *gangas*, il retourna à Kené, afin d'aller joindre à Cosseyre le bâtiment à vapeur qui l'attendait pour le porter à Bombay.

Avant d'arriver à Cosseyre, il eut à marcher pendant cinq jours dans le désert. Par les détails dans lesquels il entre sur les objets d'histoire naturelle qu'il y avait observés, on se persuade que la zoologie n'y offre rien à l'étude, mais que la géologie est pleine d'intérêt dans ces lieux de silence et de désolation. Le naturaliste y voit partout un sol aride ; heureusement la Mer-Rouge est là pour le dédommager, attendu l'abondance et la variété de ses productions. Le champ le plus étendu, ouvert à l'étude, est la classe des polypiers. Parmi les flexibles, presque tout est nouveau. Polydore Roux y rassembla quantité de crustacés et de coquilles.

A Jedda, il se procura deux testacés : l'animal de la houlette (*pedum*) et celui du magile, mollusque singulier où il reconnut une opercule cornée.

A Moka, il vit une mouette et une espèce de merle qui lui étaient inconnues, rapporta un moineau particulier, et fit des observations importantes sur la géologie et la minéralogie.

Le 8 mars 1832, il passa le détroit de Bab-el-Mandel, aperçut la côte d'Abyssinie en même-temps que celle d'Arabie. Le bâtiment s'étant arrêté à Macala, il y recueillit des coquilles, des lépidoptères, une mélanie et deux crustacés nouveaux.

Enfin, après avoir quitté des côtes aussi arides et si désertes, il arriva peu de jours après à Bombay, où il employa d'abord son temps à explorer quelques localités de la chaîne des Gattes; il y observa et réunit des coquilles et des crustacés d'eau douce inédits, peignit bon nombre de salicoques nouveaux, encore vivans, et étudia les plantes et la composition géologique du sol. Il fit la remarque que celui-ci est un trapp riche en rognons de quartz en géode, dont le détritus a formé, à la suite des siècles, une sorte de vase qui trouble l'eau de la mer à plus de cent milles au large; ce qui est cause qu'on ne peut se permettre d'y pêcher à la drague ni à la senne, et que les productions marines y sont peu variées.

Ses excursions dans les îles qui avoisinent Bombay ne furent pas sans dangers. Comblé de présens par un roi de hordes sauvages, il fut dépouillé des cadeaux qu'il en avait reçus par une autre peuplade ennemie de la première.

C'était au mois de juin qu'il écrivait ces détails et il se proposait alors de partir pour Ceylan, d'aller à Pondichéry, à Madras, à Calcutta, de s'élancer sur les monts Hymalaya, de traverser les Indes, de visiter la Nouvelle-Hollande et de revenir par le cap de Bonne-Espérance.

Des raisons qui ne sont point encore connues, le portèrent à se séparer de son compagnon de voyage pour continuer seul ses courses et ses recherches. Toutefois, il prit momentanément la résolution de se fixer à Bombay, autant parce que des admirateurs de ses talens l'y engagèrent que parce qu'il y trouvait d'immenses ressources pour ses collections. On aura peine à croire que là seulement il ait réuni, en quelques mois, assez d'objets d'histoire naturelle pour en remplir vingt-six grandes caisses, et qu'il ait fait une multitude de dessins.

Malheureusement, entraîné par la passion des découvertes, il se rendit, contre l'avis des personnes mêmes qui prenaient envers lui un bien vif intérêt, dans une partie de l'île la plus malsaine, où il entrevoyait d'abondantes récoltes en insectes, etc. Il ne tarda pas à y être atteint d'une inflammation aiguë des principaux viscères du bas-ventre. D'abord latente, cette maladie fit explosion lorsqu'elle devait résister aux efforts de l'art comme aux soins d'une tendre amitié. Elle fut longue et pénible, c'est dire qu'elle passa à cet état qu'on appelle *chronique*. Aussi, Polydore Roux eut-il le temps d'en calculer les suites.

Jamais homme à la veille de faire le sacrifice de sa vie n'eut plus que lui besoin de consolations. Appui d'une mère septuagénaire et sans fortune, lorsqu'il lui fit ses adieux, il s'était promis de pouvoir en ranimer bientôt les vieux jours. Ami de sa patrie, il cherchait à l'illustrer par ses travaux; ami surtout de sa ville natale, il avait à cœur de la doter du fruit de ses recherches; passionné pour la gloire, il entrevoyait la distinction honorifique que le gouvernement lui destinait, et les fêtes que ses compatriotes lui préparaient.

Mais, pendant sa longue maladie, s'il fut d'abord soutenu par son courage, il finit vraisemblablement par prévoir son triste sort. Il dut penser qu'il n'arriverait pas au terme d'un voyage qui, suivant ses projets si beaux, si bien conçus, eût été marqué par de si utiles et si brillans résultats; il dut penser qu'il ne saluerait point la France de ses derniers regards, et ne jouirait plus des doux témoignages d'estime et d'affection de tous ceux qui le connaissaient; il dut penser surtout au vide immense que sa mort laisserait dans le cœur de sa mère chérie (12).

Ces déchirantes pensées agitèrent sans doute l'âme de Polydore Roux. Pour adoucir l'amertume de ses regrets, pouvait-il mieux faire que de demander les secours d'une religion toute consolatrice? Monseigneur l'évêque de Bombay vint l'assister au lit de la mort. Dès cette époque, Roux n'étant plus occupé que des biens de la vie future, légua par testament ses collections à la ville qui lui avait donné le jour, et recommanda sa mère à la générosité d'une Administration qui l'avait secondé dans ses courses lointaines.

Quelques jours auparavant, lorsque ne voyant point encore l'horreur de sa position, il se flattait que le retour dans ses foyers pourrait lui rendre la santé, il demanda à son gouvernement, qui lui avait promis protection et assistance, de lui fournir les moyens de revoir sa patrie. Mais Roux était réuni à LATREILLE et à CUVIER, quand le gouvernement reçut sa demande.

Polydore Roux a rendu le dernier soupir, à Bombay, le 12 avril 1833. Il a eu le sort de MUNGO-PARK, de CLAPERTON, d'ONDNEY. Comme ces illustres martyrs de la science, il a succombé quand déjà une partie du monde, ouverte à ses explorations, avait été utilement visitée.

Sa perte est d'autant plus déplorable, qu'il possédait les qualités d'un naturaliste capable d'exécuter les plus grandes choses dans un voyage scientifique. D'une constitution robuste, d'une santé vigoureuse, il avait la prudence pour compagne de ses actions. Courageux, résolu, d'une persévérance à toute épreuve, il était constamment appliqué à des travaux qui, très-pénibles pour d'autres, n'étaient qu'un jeu pour lui; il écrivait avec facilité et dessinait assez bien pour représenter supérieurement les caractères génériques et spécifiques des êtres animés. Et que ne promettait pas un naturaliste qui au génie associait le zèle le plus infatigable, et qui, pour tout dire, marchait sur les traces de CUVIER.

Avec quelle avidité ses récits, ses ouvrages, remplis de beautés naturelles, n'eussent-ils pas été accueillis! Il nous en a donné un avant-goût dans sa correspondance, où son caractère aimable s'est toujours peint (13). Les premières lettres à sa famille et à ses amis furent écrites à l'ombre de la statue de Memnon.

Achevons de tracer le portrait de Polydore Roux : véritable Provençal, il avait beaucoup de vivacité et un excellent cœur, n'aimait ni à contredire, ni à être contredit, était ennemi de la médisance et du mensonge. Impétueux et même emporté dans son enfance, il sut maîtriser la fougue de son caractère, à mesure que sa raison se développa.

Sensible aux plaisirs, sans s'y abandonner, il demeurait long-temps à table uniquement pour y jouir de la conversation et de la gaîté de ses convives, car il mangeait sobrement et ne buvait pas. Il eut de la sympathie pour l'amour, mais, en moraliste, il trouvait dans cette passion, dont les suites ne sont que trop souvent funestes, un mélange d'humanité, de générosité, d'amitié, de bienveillance, d'estime.

Bon parent, ami sincère, étranger à tout sentiment haineux, il était chéri de ceux qui l'entouraient. S'il eût été dans l'opulence, ses amis se seraient ressentis de ses libéralités (14). Il ne tenait pas aux richesses, si ce n'est à celles de la science; mais il était épris de la gloire, de cette gloire qui consiste à faire abnégation de soi-même et à se sacrifier dans l'intérêt général.

Lorsque la Société de statistique de Marseille eut reçu la nouvelle de sa mort, elle suspendit ses travaux pour le pleurer et ne s'occuper que des moyens de célébrer dignement sa mémoire. Privée de ses cendres, elle a délibéré (15) de lui ériger, à Marseille, dans le champ du repos, un monument modeste et dont l'inscription, en rappelant le nom de Polydore Roux, rappellera de grands services rendus aux sciences et aux arts.

Puisse l'ombre de notre collégue être satisfaite de nos hommages !

Infortuné collégue ! Tu n'avais plus que quelques degrés à franchir pour parvenir au faîte de la gloire, pour recevoir les couronnes que la patrie te réservait ; et la mort est venue te frapper pour ainsi dire au milieu de tes lauriers. Tes belles conceptions et les regrets que tu nous a laissés réclamaient un éloquent panégyriste. Mais si ton éloge est bien faible dans les lignes que je viens de tracer, tes ouvrages sont là pour attester ton mérite, et si le temps doit détruire bientôt la pierre tumulaire qu'on te consacre, le souvenir de tes vertus et de tes talens sera gravé dans le cœur des véritables amis des hommes et de la science.

NOTES.

(1) La Société de statistique de Marseille n'a publié qu'un éloge historique : celui lu en séance publique, le 16 mai 1830, à l'occasion de la perte de son président honoraire, le comte de Villeneuve-Bargemont, conseiller d'état, préfet du département des Bouches-du-Rhône.

(2) Lorsque, dans le compte-rendu des travaux de la Société de statistique de Marseille, pendant les années 1831 et 1832, nous annonçâmes que, durant ce laps de temps, elle n'avait pas eu à regretter la mort d'un seul de ses membres, il ne nous était point encore parvenu que, depuis trois mois et demi ou environ, Polydore Roux n'était plus.

(3) Bien jeune encore, avant de savoir lire, il aimait à se procurer de l'encre, une plume et du papier, dans l'intention, non, comme les enfans en bas âge, de tracer des lignes informes, des caractères insignifians, mais de représenter aussi exactement que possible des figures et des mots. Il n'avait pas accompli sa troisième année, qu'il fit la copie fort ressemblante d'un écriteau. Sa mère l'a toujours conservée comme la preuve de l'aptitude que son fils montra dès le berceau.

(4) Il y était descendu, avec ses compagnons, par une fente large d'environ quatre pieds, et qui, en se prolongeant, se rétrécissait au point qu'après avoir marché quelques pas, ils furent obligés de se traîner sur leurs mains et leurs genoux. Dans l'espoir de trouver quelque issue, ils avançaient toujours, lorsque tout-à-coup le sentier qu'ils suivaient tourne brusquement. «M'étant « traîné encore quelques pas, car j'étais le premier, dit Polydore « Roux, j'avançai la main, mais je ne touchai rien de tous côtés, « et un vide immense devait être devant moi.» Tout autre que Polydore Roux n'aurait su, saisi de frayeur, à quoi se déterminer. Roux, avant de retourner, regrettant de n'avoir plus à sa disposition une sonde qu'il avait perdue la veille, essaie de détacher quelques cailloux des roches qui l'environnent pour les lancer dans la sombre cavité souterraine et s'assurer ainsi de sa profondeur.

(5) C'étaient MM. Élie Guin, Martin, Théric, Gilly, J. Carles, Théodose Achard, Marsseille, Audibert, Génoyer, OEffer, etc. Mais on peut dire que Polydore Roux eut pour amis tous ceux qui le connurent, et que nombre de savans, tels que la plupart des professeurs du Jardin du roi, et particulièrement M. le baron Cuvier, entretinrent avec lui une correspondance amicale. Enfin, un ami qui mérite d'être plus particulièrement cité, c'est son cousin, son condisciple, M. Joachim Franc, avec lequel il coula ses jeunes années dans la plus douce intimité.

(6) Les journalistes s'attachèrent à dire beaucoup de bien de cet ouvrage et des autres qui parurent du même auteur. J'en ai pareillement rendu un compte favorable et assez détaillé dans mon *Observateur des sciences médicales* et dans le *Recueil des travaux de la Société royale de médecine de Marseille* (que j'ai fondé et rédigé pendant quatre ans, c'est-à-dire, pendant la durée de mes fonctions de secrétaire-général).

(7) Ces personnes sont S. A. S. le prince Massena fils, MM. le marquis de Montgrand, le baron de Férussac, Risso de Nice, Lefebure de Cérisy, Latreille, Caron, etc.

(8) MM. Nègrel-Féraud et Barthélemy. Celui-ci justifie par un zèle ardent et beaucoup de connaissances, le choix qu'on a fait de lui comme remplaçant de Polydore Roux, dont il se propose de compléter les œuvres, du moins l'Ornithologie provençale, et sur lequel il a déjà fait une bonne notice nécrologique ; elle est insérée dans les *Annales de la Société entomologique de France*.

M. Nègrel-Féraud, homme plein de mérite, fut, en l'absence de notre infortuné collègue, préposé à la garde et à la conservation du Cabinet d'histoire naturelle, et s'acquitta de ces fonctions d'une manière digne d'éloges. Aussi, eût-il été nommé conservateur du Cabinet, si M. le préfet du département des Bouches-du-Rhône avait pu se décider à le remplacer dans les fonctions non moins importantes de chef de bureau de la préfecture, qu'il remplit si bien depuis long-temps.

(9) Qui mieux que Polydore Roux était capable de se livrer, dans un voyage scientifique, à des recherches entomologiques, lui qui, pendant vingt années, s'en était occupé avec tant de succès. Avant son départ, il était parvenu à faire une collection d'insectes, composée de 15,350 espèces, comprenant en totalité 32,000 individus, sans compter 10,000 insectes environ doubles, plus ou moins bien conservés. Il en avait proposé l'acquisition à la ville de Marseille, pour en utiliser le montant en faveur du voyage qu'il avait eu l'idée de faire au Sénégal.

(10) Cette intéressante relation, lue d'abord à l'Athénée de Marseille, fut ensuite consignée dans les *Annales des sciences et de l'industrie du midi de la France* (tome 2, page 264. Marseille, 1832).

(11) Ils furent envoyés de Thèbes, en février 1832, à M. Jauffret, bibliothécaire de la ville de Marseille. D'autres envois à-peu-près semblables furent faits à MM. les frères Bosq, à Auriol, à M. Boyer de Fonscolombe, à Aix, etc., etc.

(12) On a trouvé dans les papiers de Polydore Roux, les vers

suivans, qu'il avait composés pour être placés en tête du journal de son voyage scientifique :

« A MON JOURNAL.

« De tous mes souvenirs soigneux dépositaire
« Et de mes actions journalier inventaire,
« Si la mort implacable, en des climats lointains
« Me ravissait l'espoir de revoir ma patrie,
« Que ces pages du moins qu'auront tracé mes mains
« Retournent consoler une mère chérie.

« P. Roux. »

Mais le journal, m'a-t-on assuré, a été cherché vainement. L'espoir qu'il serait découvert et me fournirait des documens intéressans à ajouter à l'Éloge historique de Polydore Roux, m'a fait différer la publication de cet éloge, dont quelques pages seulement avaient été livrées à l'impression, vers la fin de 1834, peu de temps après la séance publique tenue, en septembre, par la Société de statistique. Il a fallu enfin, en octobre 1836, se déterminer à donner l'éloge de notre voyageur-compatriote, tel qu'il a été lu en séance solennelle. Les détails relatifs au voyage de Polydore Roux en Égypte et dans l'Inde, ont été puisés dans sa correspondance avec MM. Joachim Franc, Négrel-Féraud, Barthélemy, etc., et surtout avec M. le baron de Férussac.

(13) En voici quelques passages qui seront lus avec plus de plaisir que nos propres expressions. La reconnaissance de Roux, quand il avait reçu de bons offices, était intarissable; c'est ainsi que, bien qu'avant son départ il eût fait et réitéré ses remercîmens à MM. Bosq frères, à Auriol, qui l'avaient obligé, il fut impatient de leur écrire d'Égypte: « Je me promets un grand succès à la « chasse des mammifères, grâces aux piéges nombreux que vous « m'avez si généreusement fait confectionner..... C'est dans les « hypogées, dans ces vastes tombeaux que je vais visiter, que je « me propose de réunir quelques objets que je serai heureux de « vous offrir. » Roux tint parole; il fit divers envois, écrivit plu-

sieurs lettres à ces amis, et leur disait dans sa dernière : « A mon « retour, vous exercerez tous vos droits sur mes collections. »

Cet espoir du retour, il l'exprime lors-même qu'il est livré aux méditations les plus sérieuses : « Je suis à Thèbes, écrivait-il, en « janvier 1832, c'est vous dire que je me trouve en présence des « monumens les plus extraordinaires; errant toute la journée, mon « fusil sur l'épaule, mon cartable sous le bras, au milieu des ruines « les plus majestueuses, je vais quelquefois me reposer sur les ge- « noux de Memnon, ou dans l'oreille du colosse Osymandias. Je « me plais à méditer sur la splendeur passée d'un peuple dont je « foule à chaque pas les ossemens. Mais les souvenirs de ma patrie « sont là pour me distraire, et ma mère et mes amis occupent fré- « quemment ma pensée. Je vous reverrai, je n'en doute pas..... »

Ce qui prouve que la gaîté ne l'abandonnait point, c'est une lettre écrite un mois après à un autre ami, M. Martin, pour lui donner des détails sur la pêche, et lui dire : « J'ai pêché dans la Mer- « Rouge, dans le Nil. Disparaissez, mince pêcheur, j'ai pris au tir « le fameux requin du Nil! Mais je reverrai plus tard avec plaisir « le modeste rouget de l'Huveaune..... »

M. Martin était l'ami, le compagnon inséparable de Polydore Roux, dans toutes les parties de pêche. Un poëme burlesque, en neuf chants, qu'il fit et dédia à l'Académie des pêcheurs de l'Huveaune, atteste que les amis réunis du *Roucas-blanc* savaient à la fois s'amuser et s'instruire.

(14) Il serait facile de réunir ici une foule d'anecdotes pour prouver l'excellence du cœur de Polydore Roux, et combien son âme était libérale. Contentons-nous de la suivante: de retour d'un voyage à Paris, où il retira beaucoup d'argent de la vente de plusieurs de ses beaux tableaux, notamment de celui représentant un clair de lune, qui lui fit tant d'honneur, et qu'un Anglais lui acheta, il fut accosté, à Lyon, par une ancienne connaissance qui, dans un état de pénurie, lui demanda quelque secours pécuniaire. Polydore Roux ouvrit sa bourse, se réserva tout juste ce qu'il fallait pour payer les frais de son voyage, et la vida ensuite dans la poche de son ami.......

(15) Ce fut sur la proposition de M. Audouard, l'un des membres actifs les plus recommandables de la Société de statistique, qu'il fut délibéré, dans la séance du 13 février 1834, qu'une pierre tumulaire serait élevée, au nom et aux frais de la Société, et porterait cette modeste inscription :

A LA MÉMOIRE
DE LEUR HONORABLE ET SAVANT CONFRÈRE
POLYDORE ROUX
CONSERVATEUR DU CABINET D'HISTOIRE NATURELLE DE CETTE VILLE
DÉCÉDÉ AU MILIEU DE SES COURSES SCIENTIFIQUES
A BOMBAY DANS L'INDE
LE 12 AVRIL 1833
LES MEMBRES DE LA SOCIÉTÉ DE STATISTIQUE

www.ingramcontent.com/pod-product-compliance
Lightning Source LLC
LaVergne TN
LVHW020048090426
835510LV00040B/1571